Nel blu dipinto di blu (más conocida popularmente como «Volare») fue creada
e interpretada por Domenico Modugno en 1958, con letra suya y de Franco Migliacci.

SOS
Televisión

Germano Zullo • Albertine

Ediciones Ekaré

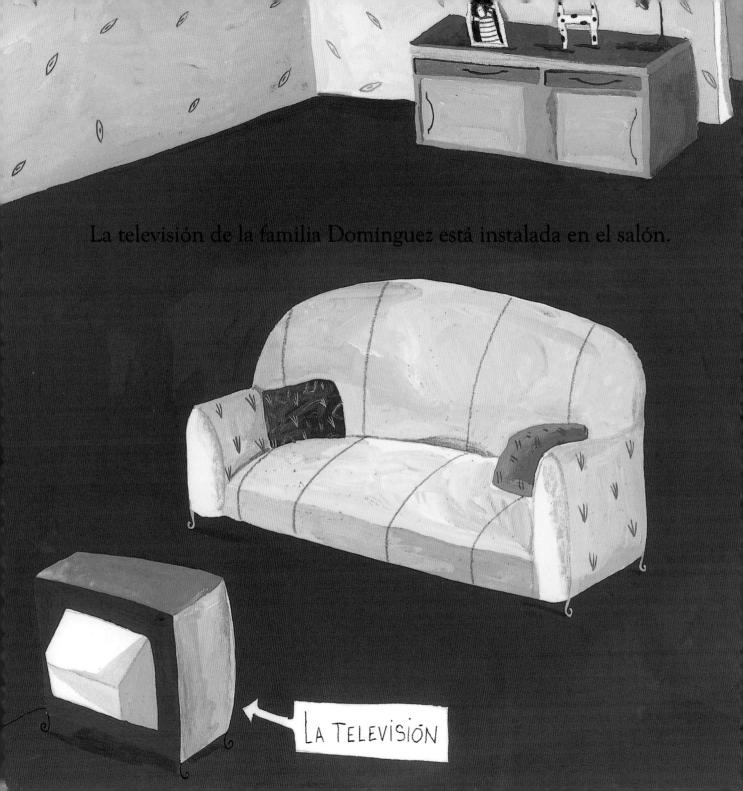

La televisión de la familia Domínguez está instalada en el salón.

LA TELEVISIÓN

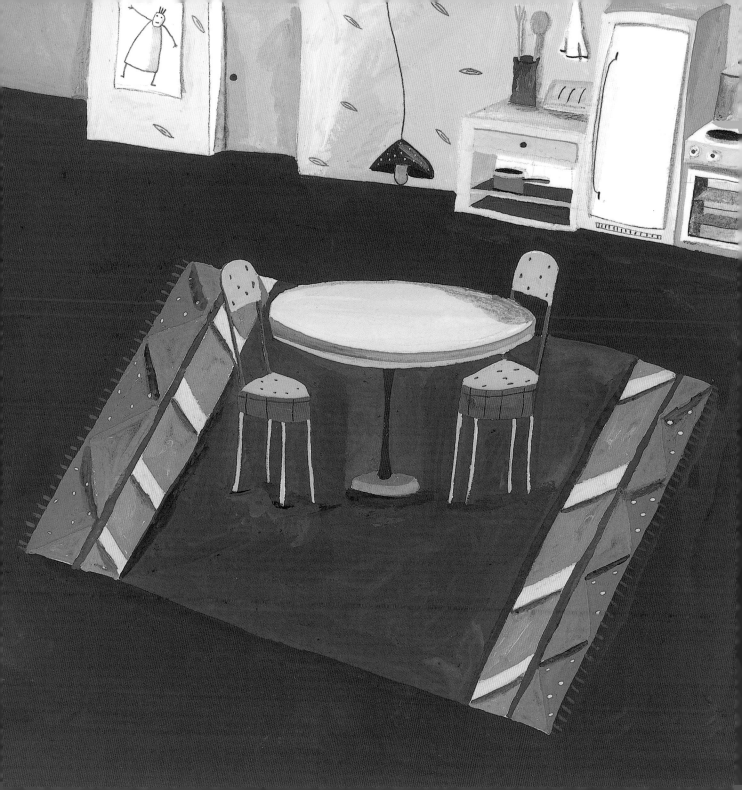

Papá es un fanático del deporte. Está abonado a Canal Futbol
y no se pierde ningún partido.

Silvio pasa horas viendo los dibujos animados.
Sigue apasionadamente las aventuras de *El vengador oscuro*
y de *Los cinco jinetes del espacio*.

Arco Iris es el canal predilecto de mamá. Llora en cada capítulo
de *El extranjero de la rosa de oro*. Ya vamos por el episodio 965...
¡Cuántas lágrimas ha derramado!

Todas las noches la familia Domínguez
cena mirando el noticiero.

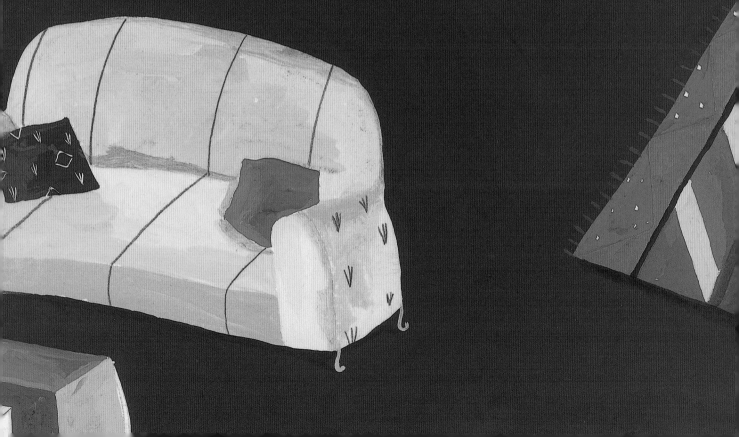

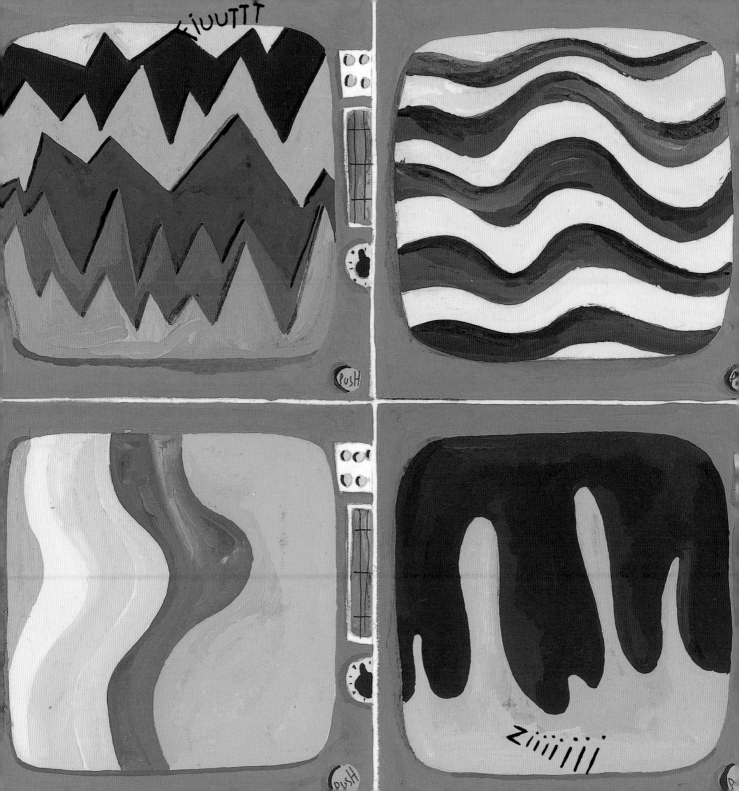

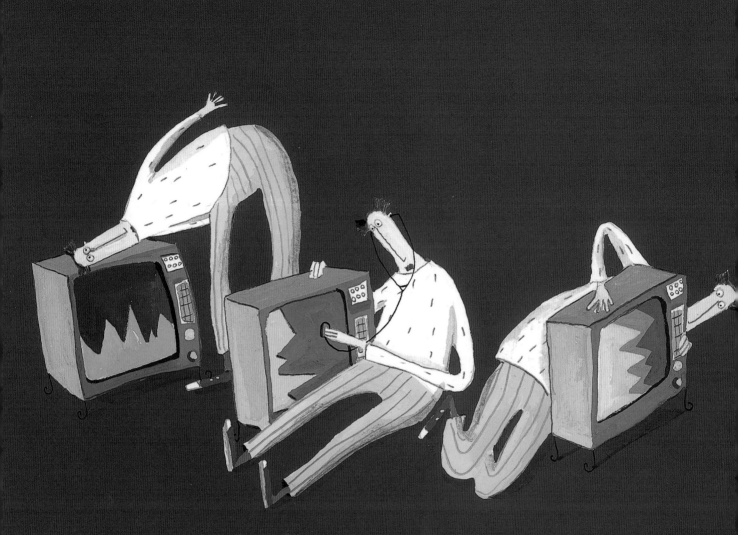

La televisión está enfermita. Papá la ausculta.
Le da unos golpecitos en el dorso y la anima a retomar el aliento.
Pero, ¡bum!, la tele explota.

¡¡¡Consternación general!!!

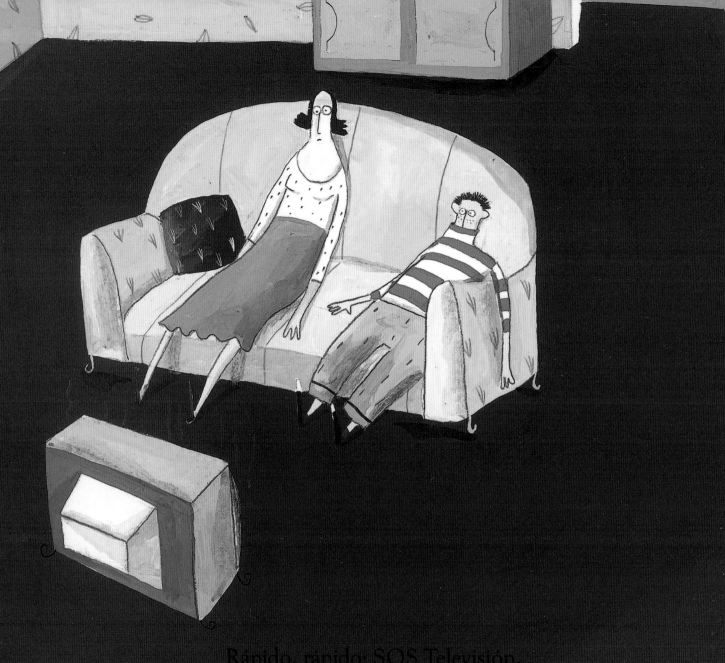

Rápido, rápido: SOS Televisión.

Horroroso horror de todos los horrores: el técnico de las reparaciones tiene mucho trabajo y no sabe cuándo podrá venir. El tiempo de espera parece eterno.

Mamá saca su hermoso vestido de gala.
Nunca tuvo ocasión de ponérselo.
Solo tiene que reajustarlo un poco.

Papá recupera la vieja radio amarilla de la bodega,
con la esperanza de que todavía funcione.

Silvio abre su baúl de los juguetes y halla en él su camión
de bomberos, su oso de peluche, su robot transformable...

Mamá se pone su hermoso traje de gala. Papá tropieza
con una antigua canción...

Volare oh oh, Cantare oh oh oh oh...

felice di stare lassù.

E volavo, volavo volavo felice più in alto del sole ed ancora più su

¡¡¡Consternación general!!!

Traducción: Teresa Duran

Primera edición 2013

© 2003 La Joie de lire SA, Genève
© 2013 Ediciones Ekaré

Av. Luis Roche, Edif. Banco del Libro, Altamira Sur, Caracas 1060, Venezuela
C/ Sant Agustí 6, bajos. 08012 Barcelona, España

www.ekare.com

Publicado por primera vez en francés por La Joie de lire SA, Genève
Título original: *La Java bleue*

ISBN 978-84-941247-4-7
Depósito Legal B.14213.2013

Impreso en China por South China Printing Co. Ltd.